Maria Sassin

Seelenvorrat

Maria Sassin

Seelenvorrat

für die Jahreszeiten
des Lebens

Vier-Türme-Verlag

Sei, was du singst!

Dschalal ad-Din Rumi

Meinen Eltern

Inhalt

Vorwort

Seelenvorrat – woran denken Sie, wenn Sie dieses Wort hören? Gewiss an Ihr Innerstes, Ihr Wesen, das Ihnen in den heutigen oft sehr hektischen Zeiten manchmal erschöpft, ausgebrannt und leer erscheint. Dann sehnt man sich danach, Reserven zu haben, von denen man zehren kann.

Quer durch das Jahr finde ich immer wieder solche nährenden Geschenke in der Natur. Das liegt vielleicht daran, dass ich auf einem Einzelhof hinter dem Hochwasserdeich am Niederrhein aufgewachsen bin. 18 Kühe, etwas Jungvieh, ein paar Schweine, Hühner, Gänse, Enten, Tauben, Hunde und Katzen, einige Hektar Weideland und Acker – ein Paradies für uns Kinder. Insbesondere mein Vater lehrte mich, die Schönheit der Natur zu sehen und sie zu schätzen, er zeigte mir verborgene Blumen, Nester und natürlich auch die harte Arbeit, die sie uns als Landwirte abverlangte. Die in enger Verbundenheit mit der Natur verbrachte Zeit hat mich wesentlich geprägt.

Mein Alltag zeigt nach wie vor diese tiefe Verbindung: Kräuter sammeln, Pilze, Beeren, Marmelade kochen, Brot backen gehört einfach dazu. Die Kostbarkeit der Schöpfung, des Daseins, seine Buntheit, der Glaube an unser Getragen-Sein wurden Kernthemen meines Lebens und meiner Texte.

Wie die gesamte Schöpfung, so hat auch unser Leben seine verschiedenen Zeiten. Das Jahr beginnt kalendarisch mit dem Winter. Eine harte Zeit, aber auch eine Phase der Ruhe, in der Neues unter dem Schnee keimt. Solche Winterzeiten kenne auch ich – man fühlt sich kalt und kahl, etwas will kommen, doch ist noch nicht da. Es braucht Mut, die Zeit der Dunkelheit bis zum Frühling zu überstehen. Dankbar bin ich besonders meiner Mutter, die mir diesen Lebensmut vorlebte. Etwas davon versuche ich zu Beginn meines Buches in den Wintertexten zu geben.

Im Frühling wird Neues; wie Knospen brechen Ideen und Hoffnungen auf. Wohin können und wollen wir wachsen? Wo anfangs alles ungehindert ins Kraut schießt, jäten wir den Lebensgarten, schauen wir, wie wir unser Feld bestellen. Erste Schritte sind nicht leicht, es gibt eisige Nächte, die uns hindern möchten aufzubrechen. Doch gerade dort, wo ich auf die Natur schaue, die trotz allem üppig und unbeschwert grünt, erlebe ich österliche Tage, kann ich dankbar aufstehen zum Leben.

Der Sommer zeigt alles in voller Blüte; schon wird der Aufbruch belohnt mit ersten süßen Früchten, das Leben ist ein Fest. Immer wieder gibt es jedoch Gewitter und Stürme, die diese friedliche Herrlichkeit bedrohen. Gelingen und Scheitern gehören zusammen. Wieder zeigt uns die Schöpfung, dass Unwetter überwunden werden können, weiteres Wachsen möglich bleibt. So sind die Sommertexte im dritten Teil des Buches zugleich Feier des Lebens und sprudelnde Kraftquelle.

Im Herbst dürfen wir Erfahrungen unseres Lebens als Ernte einbringen. Dankbar können wir zurückschauen, uns erfüllen lassen von dem, was geworden ist, und tief in unserer Seele Vorräte anlegen. Alles wird nun langsamer, bedächtiger, reift nahrhaft und geht der Vollendung entgegen im ewigen Kreislauf von Werden, Wachsen, Vergehen und Neuwerden. Im Herbst übe ich das Loslassen und fühle: Nichts geht verloren. Befreit und beruhigt von diesem Wissen findet das Seelenjahr seinen hoffnungsvollen Abschluss.

Die Texte dieses Buches möchten Hoffnung schenkend dazu anregen, offenen Herzens als Teil der Schöpfung zu leben und aus dem Erspürten nährende, lebendig machende Seelenvorräte anzulegen.

Maria Sassin, Ostern 2015

Seelenvorrat

Eindrücke trinke ich
gleich einem durstigen Kamel

den schönen Tag
herrliche Natur
erfüllende Begegnungen
wunderbares Erleben

schlürfe ich genüsslich
tief in meine Seele
bewege und bewahre sie dort
in den tiefsten Tiefen

als wärmende Farben
für den Winter

hoffnung sammeln

komm
mach dich auf mit mir
lass uns hoffnung sammeln
all die kleinen zeichen

die aufblühende blume
und das summen einer biene
das lebendige grün des frühlings
goldene sonnenstrahlen auf dem laub
diamantfunkelnde tautropfen
das wunder im lied einer lerche
und eine meise die ihr nest baut

menschen die lachen
und zusammen etwas tun
anfassen wo not herrscht
und trost gebraucht wird
hoffnungsfroh lächeln nach leid
immer wieder aufbrechen
und freunde aus fremden machen

ein geteiltes stück brot
und ein warmes wort
glaube der neue frucht trägt
das wiederfinden tragender wurzeln

such mit mir kleine funken
in der fülle des alltags
hoffnungsreiche momente
lass uns sammeln und
immer und immer wieder
das beglückende wissen
was ist ist gut

Blatt im Wind

Zarte Knospe sein
entfaltet zu hellem Frühlingsgrün

wachsen härter werden
und in sommersaftiger Sehnsucht
meine Größe und Form gewinnen

Farben geschenkt bekommen und
in Gelb Rot und Gold
lebenshungrig im Wind schaukeln
am Ast mich halten ewigkeitenlang
welk gebräunt und getrocknet
umsponnen von Altweiberweben
bunte Herbsttage ruhig genießen

vernebelte Novemberstille lernen
lebenssatt dem Sturm entgegenjubeln
den Baum loslassen

mich mitnehmen lassen
vollendet zum Anfang

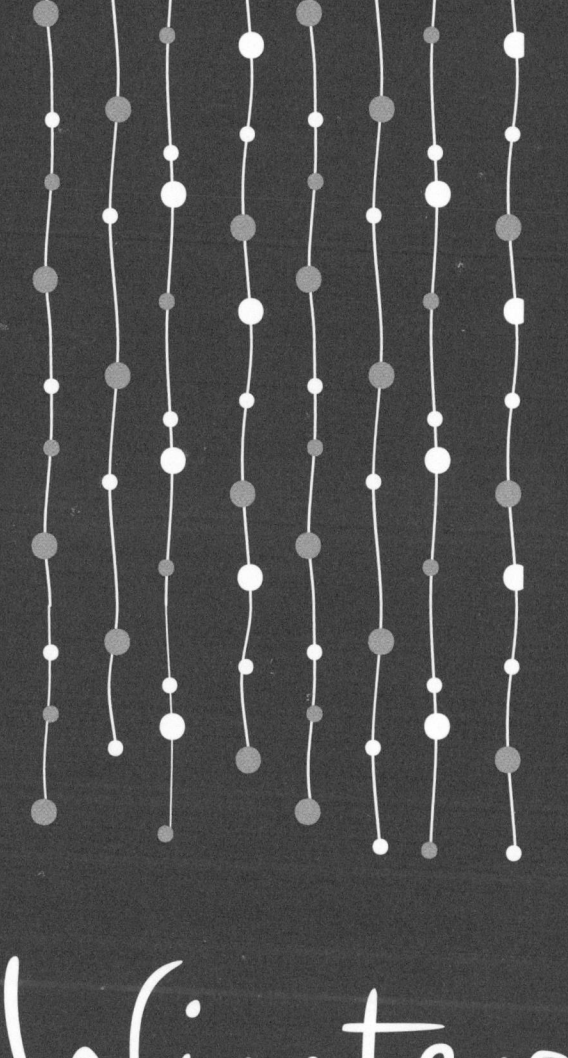

Winter

Lebenshauch

Windgeboren ein Ahnen,
ein Hauch Lebensgeist
durchdringt Winterstarre.
Eisbrechend wärmt
des Lenzes zaghafte Melodie,
erfüllt harrende Hoffnungsräume
mit andächtigem Staunen:
Alles ist Aufbruch,
alles ist Neubeginn,
auf den Wurzeln der Ewigkeit
und wie von Zauberhand
wandelt Glückseligkeit
Winterschwere zu Lebensmut.

Unter
dem Schnee

Unter
und durch den Schnee
wächst
österliches Frühlingshoffen.
Das eisige Weiß ist
nur eine Schutzhülle,
damit das Wachsende
zu seiner Zeit
zum Wunderbaren
heranreifen kann.

Sonnenuntergang

Hoch über die Bäume
und über die Wolken
hinein in das Spiel der Farben
in die Mitte aller Pracht
fliegt meine sehnsüchtige Seele
in stummer Ehrfurcht erkennend
über dem Dunkel
und unter dem Dunkel
das Licht
das sie in sich einschmelzt
zur Einheit ewigen Seins

Mit leeren Händen

Müde Akkus meiner Seele
ausgebrannte Gedankenwüste
wortleere Herzenskammern

Zu viel gegeben
zu viel gewollt
zu viel getan

Getragen in Liebe
Hoffnung geschenkt
Grau in Bunt gewandelt

Erschöpft komme ich zu dir
nimm mich auf und
schenke neue Kraft
du die Quelle allen Seins

Winter auf dem Friedhof

Ein Eichhorn hüpft munter
über den tiefverschneiten Weg,
labt sich an geborgenen Herbstschätzen,
bringt in das stille Gräberfeld
einen Hauch Leben und seine Spuren.

Ein roter Rosenstrauß auf einem Grab.
Barmherzig deckt Schnee die Blüten,
hüllt sie in einen Mantel der Wärme,
Trauerkonturen werden verwischt,
schwarze Tiefe weicht weißsanfter Decke.

Das liebevoll schauende Herz
öffnet sich des Flockenfalls Stille,
erahnt tröstliche Daseinsspuren
und weiß sich tief verbunden
mit allem, was ist.

Ver-rückt

Verrückt muss sie sein,
die kleine Blume,
die dem Schnee trotzt,
auf das Eis pfeift
und in allen Widrigkeiten
kräftig zu blühen beginnt.

Ja, ver-rückt ist sie,
diese zarte Christrose,
aus der Hoffnungslosigkeit
von Gottes Hand hineingerückt
in tröstlichen Daseinstrotz.

Wie sie erblühen kann auch ich,
wenn an manchen Tagen
alles kalt und unwirtlich scheint,
und mit meiner Blüte
den Weltwinter ein wenig wärmen.

Dennoch

Trauriger als sonst
klingt vielleicht mein Lied,
doch ich singe.

Leiser als sonst
tönt wohl mein Trommeln,
doch ich spiele.

Langsamer als sonst
wirkt heute mein Tanzen,
doch ich tanze

Hoffnungsfunken in die Welt,
denn in mir lebt
unzerstörbar meine Seele,
in der Gott wohnt.

im schnee

im tiefen schnee stapfen
bei eisigen windböen
flocken mit der zunge auffangen
den geschmack der kindheit kosten
lachen und ganz still werden
ob all der zerbrechlichen wunder

verzauberte büsche und
bäume wie weiße feen
fremdvertraut der alte weg

urvertraut leuchtende augen
die mich unter dicker mütze
anstrahlen wie ein staunendes kind
das mein herz im wintersturm wärmt

unbeschwerte zeitloszeit
beim schneespaziergang mit dir

winterhoffnung

kalt das land und kahl
so kahl so fahl
fast hoffnungslos in seiner blässe
des sommers rosen
verwelkt verblüht abgestorben

doch da zarte blüten
entfalten sich wie hoffnungszeichen
und dem der hören kann
singt leise die christrose

der sommer wird wiederkehren
das leben wird immer wieder neu
jeder winter ist nur ein schlaf
kein tod

ruhebänke

schnee bedeckt das land
die felder
die wege
ja sogar die bänke
die müden wanderern
schattige ruheplätze bieten

auch sie sind müde
ruhen aus von ihren mühen
schlafen in einen neuen sommer
in dem sie wieder da stehen
wo sie gebraucht werden
und ihren dienst tun

wie die bänke
will ich ruhen
mich einigeln in mir
ganz entspannen in tiefer stille
und dann frisch im neuen lenz
schöpferischen dien-mut zeigen

keimkraft

hoffnung kostet viel kraft
in den meeren der weltverzweiflung
im warten auf den neuen morgen
im parcours der enttäuschungen

und doch

elstern bauen scherzend ihr nest
winterbüsche treiben zarte blätter
aus toten pharaonengräbern
keimen jahrtausendealte samen

unendliche kraft liegt im hoffen

hoffnungsringe

in immer größeren jahresringen
unsere kleinen kreise schlagen
trauereis mit wärme brechen
das kreuz liebevoll teilen
den grabstein von den seelen rollen
gemeinsam grenzen verwischen
kraftvoll über schatten springen
miteinander hoffnung säen
leben

Dank

Danke sagen
in des Herzens Tiefe,
jeden Augenblick,
für des Himmels Blau
und der Wolken Grau,
für den satten Regen
und den frischen Wind,
für den schützenden Schnee
und den verhüllenden Nebel.

Danke sagen
für die klare Luft,
die wärmende Sonne
und die unendliche Weite.

Was für ein Geschenk
ist unser Leben!

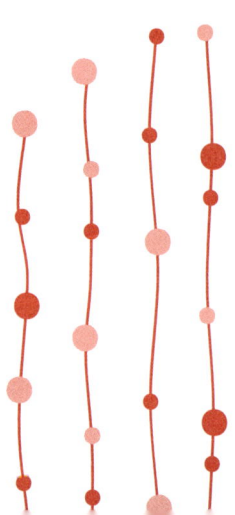

tagesanbruch

du brichst auf
in den dunklen morgen
kein schimmer erhellt die nacht
die schritte sind zögernd
auf ungewissem untergrund
du gehst und gehst

deine augen gewöhnen sich
an die finsternis
sehen ungeahntes leuchten
ein funke glüht erst nur dann
ein silberstreif am horizont

du erkennst wege
die deine kreuzen
ahnst andere an deiner seite
spürst die kraft der gemeinschaft
und du gewinnst festen tritt

die sonne geht auf

Überwindung

Tiefe Nacht umfängt mich,
kämpft mit dem Licht,
will tiefschwarz bleiben,
Gramesschwärze säen.

Erste Strahlen brechen sich
noch zögerlich ihren Weg,
schützender Liebesbogen scheidet
machtvoll Licht von Finsternis,
Zartrosa wird Gold wird Rot,
weicht strahlendem Blau.

Der Glanz hat das Dunkel überwunden,
neue Hoffnungskraft erfüllt das Herz.

Ins Tal steigen

Ins Tal steigen
mir auf den Grund gehen
und dem Leben
oder zu Grunde gehen
eintauchen in mich
im Bodenschlamm wühlen
der meine Seele trübt
klaren Urgrund finden
in Gottes Geist
und auf felsenfestem Grund
das Haus des Lebens bauen
das alle einlädt

ver-wundert

tagelang grauer winterhimmel
plötzliches schwarz trommelregen
dann stille und licht
gleißend leuchten sonnenstrahlen
auf dem nassen asphalt
tausende tropfen funkeln hell

diamanten oder scherben
auf meinem weg
glück ist da und tränen
alles ist mir zum anteil gegeben
von dem der mitgeht und mitspürt

staunend setze ich fuß vor fuß
über diamanten und scherben

verwunden und ver-wundern
zum wunder wird der weg
auf dem sich kostbarkeit
und schmerz zu einem mischen
das leben heißt

Unverhüllt

Zum Himmel ragend
entblättertes Astschwarz
des kahlen Winterholzes

Ganz ohne Farbenpracht
maskenfrei und unverfälscht
in bodenständiger Schönheit
wie der alte Birnbaum
mich der Welt zeigen

Raue Rinde und Astlöcher
gebrochene Aststümpfe
und modernde Stellen
gereift durch das Jahr
wie durch so viele schon

Mich selbst gefunden
und den weisgewachsenen Mut
mir eine Blöße zu geben
offen und schutzlos
unverhüllt ich selbst zu sein

Perlen

Hüll dich tief in dein Muschelsein
öffne deine Schale jedem Sonnenstrahl
spüre tief die Sandkörner des Schmerzes
und forme aus ihnen edle Perlen
freue dich an ihrem sanften Schein

silbermatt glänzende Tränentropfen
mild wie der Mond am Himmelszelt
ohne verletzende Ecken und Kanten
abgerundet von den Wellen der Zeit
kostbar erworbener Glanz

Schönheit aus dem Schmerz geboren

maulwurf

in die tiefe gehen
graben ganz tief unten
immer wieder hindernde erde
aus dunklen gängen werfen
sich raum schaffen und einkesseln
vorräte anlegen weit drinnen
beständig neue wege bahnen
sehen lernen im finstern
und ans licht kommen
wenn es an der zeit ist

Buntes Geheimnis

Tausend Ahnungen
tief in der geschlossenen Knospe,
träumend ruhende Ideen.

Welche Farbe
malt die Blüte
auf die Leinwand ihres Seins?

Der Wurzel buntes Geheimnis
entlockt zart kosend
die Frühlingssonne.

Hüte dein Blühen

wenn die Winterstürme kommen
unerwartet in deinen Frühling
senke vorsichtig deine Blüte gen Boden

gedenke deiner Wurzeln
lass warm dich einhüllen
von der mütterlichen Erde
hüte achtsam dein Blühen

bewahre dir deine Wärme
und beim nächsten Sonnenstrahl
öffne lächelnd deine Augen dem Himmel

Heil–fasten

Momente lang
in die Wüste gehen
ganz allein mit mir
loslassen verzichten
auf Hochspannung Dauertempo
Leistenmüssen Dauerberieselung
mit tausend Eindrücken
Raum finden zum Durchatmen
die müde Seele räkeln
in der labenden Stille
meine innere Stimme neu hören
mir selbst genügen
Zeit haben endlich Zeit
in mir Oasen entdecken
mit frischem Quell
mich satt trinken an
der Kraft der Wüste
stark und hoffnungsfroh dann
dem Alltag begegnen –
jeden Tag aufs Neue

Hoffnungsstur

Zartgrüne Spitzen
durchbrechen hoffnungsstur
verharschten Schnee.

Gewissheit:
Immer
siegt das Leben.

Frühling

Frühlingsahnung

Ein leises Ahnen durchweht den Raum,
geheimnisvoll liegt etwas in der Luft,
mit jedem Atemzug spüre ich es,
sprudelndes Leben durchpulst die Adern,
etwas ist anders, der Winter vorbei,
das Herz schlägt wieder Hoffnung.

Vorfreude bringt mich fast zum Platzen,
wie eine bunte Knospe springt,
Lachenshauch durchweht die Welt,
steckt mich unwiderstehlich an,
alles will wachsen, alles will leben,
jede Zelle jubiliert ein Frühlingslied.

Einklang

Sicher ruhen die Füße
auf urzeitfelsigem Boden
die Augen schlagen Wurzeln
im Nahrgrund des Himmels
die Seele wächst empor
zum ewiggöttlichen Licht
menschgeschaffene Grenzen
verblassen verwischen vergehen
und alles wird eins

Spaziergang

Du, lass uns schweigend durch die Felder gehen,
nicht stören des Winters schwangere Ruhe,
tief einatmen die Harmonie des klaren Morgens.

Du, lass ganz still uns durch die Wälder schweifen,
nur lauschen den Worten der Herzen,
spüren in Erd und Seele des Frühlings Boten.

Du, lass ganz voll Frieden uns werden,
weiten Schrittes wortlos Wege teilen
und wissen, dieses Leben ist gut.

wege

beständige entscheidungen
links rechts geradeaus
weiter oder lieber zurück
welches ziel lockt
wo will ich hin
wie finde ich zurück

jeder schritt eine entscheidung
aus der summe des erlebten
aus dem wissen
um gute erfahrungen
aus der angst
vor wiederholung von schlimmem

gezielte schritte ins gewisse
tastende in neuland
irrwege umwege und ungeahntes

kraft finden im gehen und rasten

wachsen an mir selbst
und an der kritischen liebe
der wegbegleiter

dankbares wissen
jeder schritt öffnet eine welt

vergiss die hoffnung nicht

auch in langen wintermonden
wächst ein zarter keim verborgen
auch in dunklen kalten nächten
scheinen sterne hoch am himmel

weiter geht es immer weiter

bald hörst du die märzenlerche
grüne triebe sprießen sattsam
und du spürst das rad des jahres
wird zu hellen tagen führen
lachen wird neu tiefe freude

und die seele singt ein lied

Vorfrühling

Die Amsel flötet Blau
in grau verhüllten Himmel,
ein Stückchen Frühling
im langnächtigen Winter,
ein kleines Hoffnungslied
in des Lebens Nebeltagen.

Schwarze Amsel flötet Blau,
der Treue ewigliche Farbe.
Warmhoffende Gewissheit:
Der Lenz kehrt immer wieder.

entfaltung

schlichte braune blumenzwiebel
in stiller wintererde ruhend
um ihr herz viele schichten
schutz und wegzehrung

geborgen in sich tiefer schlaf
erwachen werden wachsen
gespeist von sich selbst
genährt von mutter erde

ausstrecken tasten pfade bahnen
sich erahnen in roter knospe
die eigene schönheit spüren
zu voller entfaltung erblühen

und endlich dankbar wissen
all das lag schlummernd bereit

Frühlings-Ich

Noch ein wenig grün
hinter den Ohren
suchen meine Träume
sonnengelbe Erfüllung
ungestüm wachsend
trage ich den Schmuck
frischfröhlicher Blüten
lasse mich mitreißen
von den Stürmen
glaube an das Versprechen
aufspringender Knospen
bin ganz versunken
in Werden und Sein
im belebenden Hauch
des milden Lenzwindes

Märzspaziergang

Erste Spitzen frischen Grüns,
Knospen auf kahlen Zweigen,
milder Wind aus West,
hoch droben mitten im Feld
mehrstimmiges Lerchenlied,
himmelhoch jauchzend.

Freudentrillernder Frühlingsgruß
berührt die Saiten meiner Seele
und lässt sie einstimmen
bei jedem einzelnen Schritt
in den Lobgesang tiefer Dankbarkeit.
Wie groß ist dieser Tag!

Zukunftsbote

Und morgen pflanze ich eine Rose,
wunderschön wird sie erblühen
jenseits der Zeiten in fruchtbarer Erde,
tief und tiefer schiebt sie Wurzeln,
dornengeschützt ihre zarten Triebe,
gelbe Knospen leuchten zum Himmel,
wo makellos die Sommersonne strahlt,
aus Wolkenschiffen sanfter Regen fällt
und Regenbogen Hoffnung kündet.

Ja, morgen pflanze ich eine Rose,
schenke sie dir und mir und allen,
die sie übermorgen lieben werden,
wenn unsere Seelen schon Rose sind.

Frühlingskraft

Wie ein Winterbaum,
alltagsdruckentkräftet,
allen Saft in die Wurzeln gesogen,
keine Grünkraft mehr sichtbar,
ganz in mich gezogen,
um die Flamme am Leben zu halten.

Machtvoll entzündet der Geist,
was fast verglomm, entfacht
neues Feuer, Saft schießt
blatttreibend durch alle Gefäße,
mit Gott in den Adern
pulsiert neu das Leben.

Ergrünt strecke ich meine Äste
umarmend der Welt entgegen,
was be-erdigt war, lebt neu
und umfasst liebend die Welt,
auf dass sie Leben spüre
in erblühender Frühlingskraft.

Göttliches Lied

Etwas wie Freiheit
und unendliche Weite
ein Jubel im Herzen
und Dankbarkeit
Seelenwandlung

alle Ketten fallen ab
alle Bande des Herzens
alle Schmerzen und
alle Sorgen alle Angst
alles Schwarze weicht

dem göttlichen Wort
im Lied der Lerche

Mit Herzensfeuer

Ausgebreitet bis zum Horizont
winterleere Braunerdfelder
grausturmgepeitscht
Trostlosigkeit im Trommelregen

da
mitten in der Ackerfurchen Tiefe
goldblühende Osterglocke

mutig verlassen wärmenden Buntgarten
mit Herzensfeuer Heimatwege gebahnt
da wo nichts heimisch schien
fest sich verwurzelt im kahlen Land
das ihrer Farben sehnend harrte
Blüten getrieben inmitten der Ödnis

tiefinnere Hoffnungsklarheit
dass aus Leere Fülle wachsen kann

Wie eine knospende Rose

Wie eine knospende Rose
so steht der Tag vor mir
Geheimnisse birgt er
tief in seinem Inneren
verlockend ist sein Duft
und auch manche Dornen
tragen seine Stunden

Pflücken will ich ihn
mit tiefer Dankbarkeit
ihn in ganzer Fülle leben
auskosten seine Schönheit
ertragen seine Dornen
weiß ich doch nur im
Gesamt seiner Augenblicke

ist er ganz und herrlich
und kann weiterblühen
in der tiefen Vase
meiner Erinnerung

Aufbruch

Auf-brechen
etwas in mir
bricht auf
löst sich
öffnet sich weit
und erwartend
dem Weg
den Begegnungen

Verwundungsgebrochenes
noch einmal ansehen
es durch-schauen
und im tröstenden Streicheln
zarter Bejahung
vernarben lassen

Festen Schrittes neu aufbrechen
wie eine Knospe springt
und aus Narbengewebe
leuchtende Blüten treiben
hoffnungsgrüne Neuanfänge wagen
jeden Tag

Neu gebären

Mich ausstrecken
Im frühlingsgrünen Sattgras
Fingertastend spüren
Letzter Winterkühle Spur
Bauch an Bauch mit der Erde
Die sommerschwanger
Leben in Fülle gebären will
Dicht am lauschenden Ohr
Leises Wellenschlagen des Sees
Hoch oben im Himmelsblau
Leichtflüglige Weißmöwe im Windgeist

Fließen mit den Wellen
Fliegen mit dem Vogel
Brennen mit der Sonne
Und im Einswerden mit der Erde
Mich immer wieder neu gebären

highlights

sonnenaufgang
ein stück brot
taubengurren
ein warmer tee

lerchenlied
weite felder
weggefährten
ein bisschen trost

und in allem kummer
einen engel zur seite
und
tief im herzen glück

tulpenblüte

schau
die erste tulpe blüht
strahlendes gelb
leuchtendes rot

meine augen wandern
ganz weit hinunter
in ihren erwartenden kelch
dahin wo alles samtig ist
und liebend geöffnet
damit in tiefem schatten
farbgeborgen voller grünkraft
neuerwachendes leben wird
nach dem nächsten langen winter
wenn aus vergehen werden wächst

ein augen-blick glück

Fast übersehen

Viele Stunden lang
gehe ich glückshungrig
über die Weide,
hin und her,
kreuz und quer,
alle Gedanken fixiert
auf das Eine:
ein Glückskleeblatt zu finden,
suche und suche vergebens ...

Müde halte ich inne,
öffne weit mein Herz
und spüre plötzlich das Glück,
im Morgentau barfuß
durch eine hoffnungsgrüne Wiese
dreiblättrigen Klees zu gehen.

Japanische Kirsche

Rosaweißes Frühlingsblütenmeer
Kaskaden von fragiler Schönheit
Momente tiefen Staunens
Japanische Kirsche vor Blauhimmel
Blüten ohne Früchte
geboren für einen Hauch Zeit

Ganz im Jetzt leben
alle Blühkraft dem Heute schenken
Herzsein ohne Kopffrage
nach Zweck und Nutzen für Morgen

Der unbeschwerte Augenblick
ist Sinn

Blütenschnee

Weiße Dolden allüberall
ein Duft der Süße
der lockenden Verführung
goldener Blütenstaub
färbt sammelnde Finger

Holunderblütenschnee
dunkler Fieberbeerensaft
Erinnerungen auf immer
unverzichtbar Teil von mir

Heckenwegseinsamkeit
Gedanken an Heilendes
machen wieder ganz

Auf den Wurzeln der Kindheit
wächst das starke Morgen

Alter Rosenstock

Dornbewehrt
hütet fester Stamm
orangeflammende Vorjahrsfrucht
Zukunftssamen des Morgen

Überwunden Schrecken des Winters
neue Blätter entfalten sich
in grünbraunroter Triebkraft

Erkenntnisse des Gestern
schützend ins Morgen tragen
Beständigkeitssaat keimen lassen
Gelebtes gern weitergeben

und im Frühlingssonnenschein
die Kraft finden
selbst immer wieder
neu zu ergrünen
und Blüten zu treiben

Lebenskräfte

Palmsonntagssonne lässt erstrahlen
leuchtend funkelnd Osterglockenkelche
Hosianna – wetterwendischer April

Schwarze Wolkenwände türmen sich
Schlagregen treibt spitze Nägel
in zarte Blütenköpfe danieder liegen Blüten
zerfetzt vom Sturm zerrissen vom Hagel
gehen sie zugrunde abertausend Kreuzestode
dahin scheint das zerbrechliche Leben
vergangen alle Schönheit

Doch tief in der Erde
zugrundegerichtes Erkennen
der Reichtum der Wurzel
die Fülle der Zwiebel
karfreitägliche Winterruhe
nährt Lebenskräfte
auf-richtige Grüntriebe erstarken
wachsen zum Licht

Der Kuss der Morgensonne
lässt neues Leben erblühen
gotterfüllt und voll Vertrauen
auf die Beständigkeit des ewigen Kreislaufs

Karfreitag

Karfreitag
ganz zu Grunde gehen
bis in die tiefste Tiefe
bis in die finstersten Abgründe
des Lebens
des Sterbens
des Todes

mitten im Schmerz
in einsamster Angst
lauschen der Leere
die Fülle ist

aushalten tiefste Nachttiefe
Seelenfühler tastend ausstrecken
zerbrochen Einheit erahnen
heil werden an ihr
Wunden vernarben lassen

Einen neuen Anstieg wagen
geht nur von Grund auf –
der Weg nach Ostern
führt durch die Schlucht

Jenseits der Talsohle
den Berg erklimmen
lichte Gipfel finden
Teilung überwinden
ist Auferstehen zum Leben

Entschieden Ostern feiern

Ringen um eine Entscheidung
hart kämpfen um einen Weg
mich krümmen und winden
Qualen leiden in Unsicherheit
schreien vor Ungewissheit
was soll ich nur tun

Immer wieder verworfene Ideen
todesähnlich starres Verharren
stagnieren vor der Entscheidung
Karfreitag der durchkreuzten Gedanken

Plötzlich den Weg wissen
eine Entscheidung fällen
entschlossen losgehen
getragen auf schweren Wegen
aus dem Zweifel auferstehen
und die Osterlebendigkeit
des gefassten Entschlusses
als tiefen Frieden
ins Herz ziehen spüren

Entschieden Alltagsostern feiern

Lachen der Auferstehung

Die Starre
des harten Winters
ist
das Weinen
am Kreuz –

die Grünkraft
des keimenden Frühlings
ist
das Lachen
der Auferstehung

Hoffnungsgrün

Leben ist
wie Löwenzahngrün
oft so bitter so bitter

doch schaust du genau
öffnen sich doch
gelbe Frühlingsblüten
goldner Honig darin
voller Süße

wie Löwenzahnsamen
verweht der Wind
dein Weh

und du weißt
auch das Bittre
tut dir gut
lehrt dich kämpfen
Grün ist Hoffnung

ist Leben

Sommer

Über-winden

Sich vom Winde tragen lassen
hoch über die Dinge des Alltags
Dunkles überwinden immer wieder
immer tiefer Unbeschwertheit lernen
in aller Erdenschwere
und von weit oben
entdecken wo die Sonne schläft
von ihr Gelassenheit lernen
im allmählichen Erspüren
dass der Wolken Schatten
das Leuchten verstärkt
und dem nächtlichen Dunkel
und seiner lastenden Schwere
doch immer wieder
der Sieg des neuen Tages folgt

Ent-schwert

Ganz still wird mein Herz
als der flüchtige Schmetterling
Ewigkeitsmomente auf meiner Wange lebt
und mit zärtlichem Flügelschlag
sommerküssend Erdenschwere aufhebt

Die unverdienten Geschenke

Es sind die unverdienten Geschenke
die größten, die kleinen großen
oder die großen kleinen:
der Sonnenaufgang überm Feld,
die weite Morgenstille,
freundliches Lächeln im Vorübergehen,
des Freundes verstehende Augen,
ein bunter Kieselstein,
ein frohes Wort,
Verstehen, Wärme, Vertrauen,
ein gaukelnder Falter,
die ganz großen Dinge,
diese ganz kleinen Unterschiede,
die Leben erfüllt sein lassen.

Aussaat II

Silberne Pusteblume,
tausendfach gesegnet
mit neuen Lebenskeimen,
Sommerwind haucht, bläst, treibt,
teilt aus über das Land,
tausendabertausendfach dein Sein,
goldener Schwestern Wiege,
geboren, den Lobgesang zu singen
aus einer Kehle,
tausendabertausendfach.

Wie das Wort und der Gedanke
vom Geist behaucht,
getrieben über alle Lande,
sät sich die Botschaft,
goldene Schwesterseelen atmen sie ein
zum großen Verstehen,
geschaffen, den Lobgesang zu singen,
das Lied von Liebe und Hoffnung
aus einer Kehle,
tausendabertausendfach.

Pfingstfriede

Im Duft erster Holunderblüte
im Formen früher Früchte
im jubelnden Lied der Amsel
im zarten Rauschen des Windes

so viel Liebe
so viel Sinn
so viel Schönheit

Dankbarkeit und Friede
erfüllen das Herz
mit starkem Geist
der Stärke schenkt

Verstehen möglich macht
Weisheit ohne Schranken
in pfingstlicher Einheit

und den Menschen
eines jeden Menschen
liebender Nächster sein lässt
nicht mehr sein Wolf

Rosenwandlung

Mit ganzer Leidenschaft
mich öffnen einem Sonnenstrahl
Blatt um Blatt erblühend entfalten
mich vertrauensvoll immer mehr weiten

Herz an Herz mit dem Wind
mich wiegen im Vogelsang
aus meinem tiefsten Inneren
nähren die hungrige Biene

den Kelch meines Seins
zu goldenem Honig wandeln lassen
in dem ich morgen weiterlebe
wenn längst der zarten Flocken Lied

mich heimgesungen hat
zu satter Erde keimtragendem Schlaf

kreise schlagen

jeder meiner schritte
jedes tun und lassen
jeder gedanke
ein kleiner kieselstein
im wasser des lebens

kreise malt
der hüpfende stein
auf dem spiegel des sees
spuren lässt
alles was ich lebe

nichts ist vergebens
alles hat sinn
im ewigen meer der zeit

Ein Moment
Ewigkeit

Sonnenfunken stillstrahlender Freude
umarmen wärmend Tränentropfen,
verschmelzen zu neuer Kraft
im Herzschlag des Universums.

Der dunkle Vorhang reißt auf,
gibt leuchtende Farbenpracht frei –
am Himmel ein Doppelregenbogen,
vereinte Energie aus Wasser und Feuer.

Die Elemente tanzen zu Wolkenliedern,
der Erde Puls schlägt zeitlos den Takt,
geworden aus der Symphonie des Heute,
ein starker Hoffungsbund für Morgen.

Ein kleiner Stein

Ein kleiner Stein nur
im Mosaik des Lebens
rund geschliffen
von den Wogen der Zeit
ausgeblichen
im Laufe der Jahre

unscheinbar
und doch so wichtig

was wäre das Gesamt
ohne ihn

jedes Steinchen
hat seinen Anteil
an der Vollkommenheit

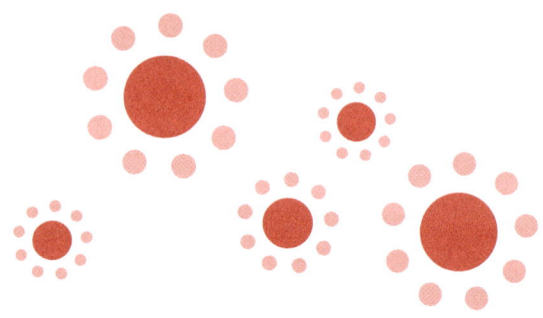

ein stein für dich

ein stein für dich
vom strand des lebens
er erzählt von meer und weite

ein stein für dich
von den bergen des lebens
er erzählt von überwinden und übersicht

ein stein für dich
von den felsen des lebens
er erzählt von festigkeit und halt

ein stein für dich
von den mauern des lebens
er erzählt von schutz und grenzen

ein stein für dich
von den wegen des lebens
er sei dir wegweiser und stolperstein

Im Wasser des Lebens

Aus dir sprudeln
auf deinen Wogen gleiten
weiter und weiter
neue Impulse aus Nebenflüssen
mitgerissen ein Leben lang
dein mächtiges Strömen spüren
und gesättigt ankommen in dir
seelentragende Allgegenwart
Quelle und Fluss und Mündung
Gott Wasser des Lebens

Wurzelkraft

Tag für Tag
zarte Wurzeln tiefer
in das Erdreich schieben
lustvoll durch fruchtbare Fülle
unter Stöhnen durchs Gestein

Tag für Tag sich fester gründen
Leben in allen Adern spüren
unerschütterlicher werden

Tag für Tag sich wurzelstark
mit Kraftströmen nähren
und dankbar staunen

Nur auf sicheren Wurzeln
können Flügel wachsen

Sonnenaufgang

Dunkel noch der Morgen
mit nachtblauen Schleiern,
geheimnisvoll verhüllt
der unberührte Tag,
ein großes Kunstwerk,
der Ausstellung harrend.

In ehrfürchtigem Schweigen,
gespanntes Warten
auf die mächtige Hand
des Schöpfers.
Ein rascher Griff –
die Tücher fallen.
Der erste Vogel singt.

In prächtigsten Farben
des ewigen Künstlers Meisterstück:
der junge Morgen.
In immerwährender Erneuerung
die Hoffnung auf einen guten Tag.

glücksklee

jeder mensch
ein dreiblättriges kleeblatt
auf der großen wiese des lebens

nah zusammenstehen
und zusammenwachsen
zusammen wachsen
blätter verschränken
einander stärke geben

ein stück unseres selbst
teilen mitteilen
ein blatt nur
eine ausgestreckte hand
dann haben wir je vier blätter

glücksklee durch einander

Enthüllt

So lange war sie Knospe,
ihr Gold verhüllt,
wartend im Schutze
hoffenden Grüns.

Doch nun
ein plötzlicher Sonnenstrahl,
ein warmer Himmelskuss
und sie ist Rose.

Ganz und gar Rose.

Schwester Wasser, Bruder Stein

Rauschend strömt klares Wasser
tief hinab die Berge,
felsig das Bachbett,
ausgeschliffen, gemahlen, geformt
von der Kraft der Quelle,
ausgehöhlt der Stein
zu einer Schale,
reich sammelt sich kühles Nass,
erfrischt und nährt.

Dasein wie Bruder Stein,
mich füllen lassen und reinigen
von Schwester Wasser,
durch sie genährt sein und nähren,
loslassen und überströmen,
verströmen den Geist,
der sättigt
und lebendig macht.

Gipfelmoment

Hoch oben auf dem Gipfel
alles klar überblicken
dem Himmel so nah sein
eins werden mit dem Absoluten

die Zeit wird zeitlos
Räume verschwimmen

einen Augenblick lang
nur verschmolzen sein
das Universum bin ich
ein Stück Gott bin ich

in diesem Tropfen Ewigkeit
ist alles wissende Liebe

Sommertraum

Reisen
dahin wo alles blau ist
der Himmel die See
die Stunden und
meine hoffnungsblauen Träume

Schweben
mit den Wolken
watteweich
und schneeweiß umhüllend
mitten im Himmelblau

Segeln
auf den Meeren des Lebens
mich tragen lassen
von sanften Wellen
durchs endlose Blau

Und wenn ein Sturm kommt
reiten auf den Wellen
fliegen mit dem Wind
frei sein und wissen
um das unendliche Blau

hinter grauem Himmel

blaue träume

zusammen träumen
träume tief wie das meer
und so weit so weit
weit weg
weitblaufrei

träume spinnen
spinnwebzart träumen
zusammen träumen
weitergehen
weiter

und zurückkommen
den alltag leben
weiterleben
weit erleben
weiter erleben
als vorher

ein bisschen meerblau
färbt den neuen tag
ein bisschen traum
singt in der seele

wir träumen uns stark
für das leben

Wasserschnecke

In Labyrinthwindungen
wölbt sich dein Panzer,
Schutz dem weichen Kern.

Wellengetragen gestrandet,
geheimnisvoller Fund,
erfüllst das Ohr
mit dem unendlichen Rauschen
der inneren Meere
und enthüllst ihre Wahrheit.

Wie ein Kind am Meer

In einem Traum seh ich dich lachen,
befreit, mit strahlenden Augen,
wenn die Sonne deine Nase kitzelt,
der Federwolken Daune deine Haare streicht,
und du läufst und springst
unbeschwert mit langen Schritten
wie ein Kind zum Meer,
kein Gewicht drückt deine Schultern,
sorgenledig leuchtet deine Seele,
neu lernt dein Herz, wie Freude schmeckt,
du bist endlich wieder du, nur du, ganz frei,
glücklich spielst du mit dem Wind,
der dich ins Morgen trägt,
denn des Kämpfens Schwere
hat dich das Fliegen gelehrt.

Vogelblick

Wenn du dich verirrst
im Labyrinth des Lebens,
lass deine Seele aufsteigen,
hoch zum klaren Himmel.

Leicht wie ein Sommervogel
lass dich vom Winde tragen,
schwebe über den Dingen,
die so verworren scheinen.

Von oben gewinnst du Einsicht,
beglückenden Überblick,
und erkennst deinen Weg mit den Augen des Herzens.

Der Tag ein einziges Staunen

Eins-Sein mit allem,
so wie eins sind
Walderdbeere und Thymian –
ein jedes ganz,
ein jedes unverwechselbar
in seinem ureigenen Aroma
und zugleich eins
und Teil vom Einen
wie Bach und Berg
und Sonne und Wind.

Momente

Wenn die Sonne zart küsst
und Kinderlachen Berge versetzt
Wind Haut sanft streichelt
des Freundes Hand uns hält
goldene Blätter herabschweben
und Vertrauen lebendig wird

wenn das Meer silbern funkelt
die Seele voll Freude ist
Blumen leuchtend erblühen
und Gott sein Schöpfungslied singt

fallen wie Sternschnuppen des Glücks
Dankbarkeit und Liebe ins Herz

wandern am abhang

der pfad schmal so schmal
rutschig holprig steinig
daneben die schlucht
so unendlich tief
und felsenreich
doch in die höhe
kein anderer weg
klettern sich mühen
bergan bergan
längst jenseits menschlicher bleibe
manchmal eine erfrischende quelle

dann
aufkeimende angst vor dem stürzen
einsamkeit vor der schlucht

ein lied anstimmen aus tiefer seele
über dem abgrund sehen
den engel der mich hält
meine hand in seiner spüren
liebende behutsamkeit entdecken
in freudiger langsamkeit füße setzen
nichts geht doch verloren
geborgenheit und tiefes glück
heute war der weg das ziel

Wunder über Wunder

Dass ich so Schönes erleben darf!
Momente wundersamen Segens
treiben helle Tränen in die Augen.
Ganz tief dankbar bin ich.

Der blaue See, die weißen Gipfel,
das wilde Meer, der weite Wald,
das Farbenspiel des Sonnenaufgangs –
wie herrlich sind sie!

Reicher noch Alltagsaugenblicke,
die ruhige Minute allein,
der zufriedene Gedanke,
der Hummel Blütenlied.

Doch der kleinen Wunder Größtes:

das Augenleuchten der Menschen,
wenn sich Gottes Ebenbilder
in stiller Liebe begegnen
und die ganze Welt Heimat wird.

Frühherbst

Der Wind singt in den Bäumen
ruhig treiben Wolkenschiffe vorbei

Es schlagen leis die Flügel
der Zeit
sonst nur Stille
Blätter fliegen
trudeln sanft zu Boden
Spiel des Windes

Es schlagen leis die Flügel
der Zeit
ringsum nur Stille
unendlich weitet sich die Seele
trinkt aus dem Born der Weisheit
Wasser das Sehnsucht stillt

Alles wird still still
friedvoll gurrt die Taube

Es schlagen leis die Flügel
der Zeit
Stille durchflutet das Herz
Ahnung von Ewigkeit

herbstwunder

sanft umhüllt morgenlicht
erquickt das offene herz
füllt mit neuer freude
glanz zieht in die augen
seelenfenster leuchten hell
farben beginnen zu leuchten
satt und reif ihr strahlen

vorüber sommers feurige glut
kühler schon die nächte
noch sonnengold die tage

der vollendung entgegengehen
streben nach tiefinnerer ruhe
ohne angst den sommer loslassen
sich einlassen auf das herbstwunder
gelassenes abrunden zur ganzheit
wegerfahren wissen um erneuerung
im immerwährenden lebenskreis

Danklied

Versonnen schaukeln
Spinnweben
im Nebelhauch
träumen satt von Sommer
tanzen aufblitzend im Wind
schmücken filigran
Busch und Baum
silbrig stimmt ihr
feines Lied abertausendfädig
den ewigen Lobruf an
im Kreislauf
immerwährender Erneuerung

Erinnerungen

Erinnerungen malen
mein Herz bernsteingold
übertünchen Alltagslast
schmücken Sorgentage
überstrahlen poliertes Silber
reicher als edelmetallene Schätze
funkeln wie Diamanten
füllen das Herz mit Lachen
und Dankbarkeit
lassen es ballonleicht
durch Zeit und Raum fliegen

Die Sonnenblume von gestern
zwinkert mir zu
es lächelt
die knospende Rose

Heute sammeln wir neue Schätze
in die Vorratskammer
die uns im Lebenswinter nährt

Oktoberimpression

Nie zuvor war er so intensiv
umgibt mich von allen Seiten
mit seiner Farbenpracht
bunt wölbt sich der Laubhimmel
golden der Blätterregen im Wind
grünbraun das unermüdliche Gras
Silbertropfen auf filigranem Gewebe
sattdunkel die feuchte Erde

Von allen Seiten umfasst mich
der Herbst der Alleswandler
mit zartem Morgennebel
und eiskaltem Dauerregen
Früchte am Himmel in der Erde
Pilzduft satter Moosgeruch
Reife in herber Quittensüße
Blättermoder und mehliger Mais

Mit allen Sinnen
trinke ich den Reichtum
das Fortissimo
der Abschiedssymphonie

Kostbar

Herbstgold
leuchtet
der späte Oktober

Blatt um Blatt
löst sich
vom Baum

Morgensonne fällt auf
Rotgold Braungold
Gelbgold –

reiches Blattgold
einzig
in seiner Kostbarkeit

herbstmoment

unter einem uralten
apfelbaum steh ich
klaube rotwangige früchte
aus gelbbraunem herbstgras
bittersüßer duft feuchter blätter
steigt vom lehmigen grund auf
des windes streichelfinger
gleiten durch meine haare
lassen sie flügelgleich flattern
staunend genieße ich den moment
frage verwundert
wie kann man nur
so tiefglücklich sein
ich atme sonnenstrahlen ein
und dankbarkeit aus
spüre
jeder moment völligen seins
ist glück

kommen und
gehen lassen

herbstbaumgleich werfe ich ab
welke blätter belastender beziehungen
längst über-lebter gewohnheitsgemeinschaft
genieße vielfarbige erinnerungen
forme mich an schmerzlichen erfahrungen
nähre mich dankbar vom grünstoff
erlebten belebenden berührens
gehe und lasse gehen und vergehen
ziehe meine freigewordene kraft
in die wurzeln
wo sie mich trägt
ver-binde in der ruhe und ent-binde
und öffne mich willkommensweit
den warmen strahlen dessen
was bleibt
und dem
was zur neuen blüte kommt
und neue frucht bringt

sammeln

ernten in fässer und scheunen
des jahres reichen ertrag
zusammenklauben
die frucht der felder
das zerstreute einholen
auch in mir

mich sammeln
unruhige gedanken bündeln
alltagshektische seelenstücke
zusammenführen sortieren
spreu vom weizen trennen
das gute korn bewahren
still und dankbar werden
das lächeln der herbstsonne spüren

meine ernte betrachten
und dann genießend
dem winter entgegengehen

Kostbare Ernte

Herbstkündend weht der Wind
Oktobermorgen voll Gedanken
Ge-danken vom Danken
vom Reichtum des Jahres
Lachen geerntet und Zufriedenheit
Tränen fielen auf den Weg
Härten überstanden
Neues begonnen
weiter gegangen zum Ziel

Strahlend sehe ich
auf die Menschen um mich
die kostbarste Ernte
Freundschaft

Herbstschätze

Noch einmal schwelgen
in des Herbstes satten Farben
ein einziges Mal noch
die reifen Düfte genießen
den vollen Geschmack des Lebens
bis zur Neige auskosten dürfen
letzten warmen Sonnenstrahl pflücken
und ihn sicher verwahren
in des Herzens tiefster Kammer
dazu einer Wolke Silberrand
und die vielfältigen Töne
des November-Sonnenuntergangs

Vorräte an Gelebtem schaffen
sie gleich einem Schatz hüten
und die tiefe Sehnsucht der Wintertage
in tristgrauen Alltagsherzen
mit farbreichen Erinnerungsworten
lebendig stillen können

Vollendet schön

Ein Hauch Göttlichkeit
schwebt in der Luft,
ein Ahnen, ein Staunen.

Es singen erfüllte Lebenskreise
im Streicheln des Herbstwindes,
wenn Sehnen Zufriedenheit weicht.

Satter Duft der Reife
vollendeter Schönheit.
Die ganze Schöpfung wispert:
Ich-bin-der-ich-bin-da!

Alles überflutende Dankbarkeit.

herbstlabyrinth

nur wenige farben noch
zieren die gewundenen wege
braun in grau in ocker
winden sich steinige pfade
lenken die schritte
weiter und weiter
kaum noch blühende blumen
fesseln den blick
keine prachtvollen blüten
ziehen noch das auge an
braun in grau in ocker
kann ich ruhig werden
mich selbst erreichen tief in mir
im verdämmernden labyrinth
und schritt für schritt
langsam voran
gewinne ich geduld
und sammlung
bis ich ankomme
in des herbstes mitte
dem rad des lebens

Der alte Baum

Herbstbaum in Buntblätterpracht
alle Farben eines Sommers
durchglühtes Novembergrau
Weichenmüssen dem Windhauch
denn Wurzeln nur nährt Wintererde

Weise wirkt webendes Wurzelwerk
vollgesogen mit Erinnerungsfarben
den reichen Teppich der Lebensbilder
alles ruht erst Märzensonne lockt hervor
letzte Hoffnungsfunken in frischem Grün

Kein Selbstzweck treibt den alten Baum
milden Schatten schenkt er Schösslingen
noch modernd streut er in die Erde
Erfahrungen als nährenden Wurzelhalt
den jungen Bäumen von morgen

windgeboren

mit dem sturmwind kämpfte ich
strampelte und wehrte mich
stemmte mich verzweifelnd
mit aller kraft dagegen
trudelte und verwehte
wie des herbstes blatt

fiel ermattet zur erde
wurde erde und endlich
hörte ich das singen
des zärtlichen windes
und war eins mit ihm

Das letzte Blatt

Das Jahr wird alt
die Blätter fallen
zur Erde sinkt
des Sommers Zier
des Herbstes Last

fast schmucklos stehe ich da
längst abgeerntet alle Frucht
die Kräfte schwinden mir
wurzelwärts schlägt mein Herz
bündelnd alle Energie
Weisheitswege nun zu finden

grundgerichtet das Auge
meinwärts ins tiefste Sein
entdecke ich die wärmende Flamme
stillheimatlichen Seelenlichts
ich lasse los das letzte welke Blatt
er-lebe er-leichtert Vollendung

Novembertanz

Letzte rote Rosenblüte
wiegt sich träumerisch
im Rhythmus rauen Westwinds.
Matt streichelt Wintersonne
noch einmal samtige Blätter.

Die Novemberrose
weiß um ihre Vergänglichkeit:
Heute Nacht wird es frieren,
dies ist ihr letzter Tanz,
schutzlos steht sie da,
doch ohne Furcht.

Sie lebt jetzt
ganz und gar im Augenblick,
kostet ihn bis zur nahen Neige
und singt erfüllt ihr Lied
vom Wandel und Werden.

Nebelweg

Nach langem Ringen
endlich klar das Ziel sehen,
mich auf den Weg machen,
doch plötzlich bricht Nebel ein,
verschwunden die Visionen.

Schritt für Schritt nur
eröffnet sich der Weg,
tastend weitergehen
in der stillen Kraft
der Beharrlichkeit,
das Ziel ist doch noch da.
Es wartet meiner.

Ich gehe getrost voran,
setze achtsam meine Schritte,
und irgendwann
hebt sich der Nebel
und ich sehe
und ich weiß:
Ich bin angekommen,
meines Herzens Glocke läutet
mir ein Willkommen daheim.

All die Schönheit

All die Schönheit
wenn sich Nebel langsam hebt
die strahlenden Farben enthüllt
die schon verloren geglaubt

wenn taufeuchte Spinnweben
in voller Schatzkammer glitzern
wo abgeerntet kahles Land
uns öd und bitterarm erschien

wenn milde Herbstsonne
grauen Himmel durchbricht
und traurig-feuchte Blätter
trocknend lustig knistern

All die Schönheit
wenn sich die Schleier heben
und unseres Herzens Augen
Gottes reiche Freude sehen

Gegenwart

In dem Blatt werde ich sein
und in der feuchten Erde,
im kleinen Frühlingskeim,
jenem knorrigen Baum
und in den süßen Stimmen der Vögel.

Etwas von mir fliegt mit der Libelle
und singt der Grille Lied;
im modernden Holz wohne ich,
und im duftenden Pilz bin ich zu finden,
teil hab ich am Windesrauschen.

Bin in den Farben des Schmetterlings
und im Hüpfen des Eichhorns,
aus den Augen des Rehs schaue ich,
bin das Moos im Wald
und der Gedanke in eurem Herzen.

Drum sucht mich nicht,
nicht Lebendiges unter den Toten;
längst habt ihr mich gefunden:
Ich bin doch da, allüberall
und lebe.

Herbstmorgen

Im Blätterbunt
ein Sonnenstrahlenkitzeln
auf der dargebotenen Wange,
vollendeter Moment des Staunens.

Dankbarkeitsaugenblick
beim Biss in den Apfel.

Erfüllt vom Herzwissen
um durchdringenden Schmerz
zerstörerischer Herbststürme
überlebt noch das Lächeln,
wenn der Nebel sich lichtet.

Vogelfrei und voller Leben

Himmelhoch auf kahlen Ästen,
sonnenhungrig und reisebereit,
Zugvögel in versammelter Sehnsucht
erfüllen mit Leben die nackte Krone,
erwärmen mit ihrem Herbstlied
das Herz des alten Baums.

Er träumt von neuem Lenz
und all denen, die er sah,
tief innen voll Glück im Wissen,
dass einem jeden jungen Blatt
eine eigene Melodie innewohnt,
vogelfrei und voller Leben,

und in ihrer Fülle sich erschließt
dem, der zu lauschen weiß.

Herbstlicht

Bunter erscheinen die Farben,
wenn der Herbst auf sanften Füßen
unbemerkt den Sommer trifft.

Schattiger liegt die Ruhebank,
ungeahnt erschauere ich
im ersten kleinen Frösteln
inmitten herzwärmender Schönheit,
wissend um des Winters Kommen.

Klarer im Herbstlicht die Konturen,
deutlicher ein jedes Ding,
wenn meine Schritte kürzer werden,
das Neigen des Jahrs Erkennen bringt.

Und doch ist's nun die tiefe Seele,
der weites Reisen innewohnt,
loslösend sich von Alltags Banden,
sei's auch mit Schmerz und Kampf und Weh.

Ruhig darf sie in die Ferne schauen,
vertrauend, dass erntend ihr zuteil wird,
was sie in Winters Tagen braucht.

Weiter

Der müde Herbst stirbt
in den Winter
das Leben lebt mit stiller Kraft
weiter geht Gott
als bis zum Tod
wirkt im eiserstarrten Dunkel
mit unendlichem Lebenswillen

Die junge Sonne küsst
was leblos ohne Hoffnung schien
und doch nur ruhte
ein neuer Schmetterling schlüpft aus
und segelt windumarmt
zum ewigweiten Himmel
denn Gott geht weiter

Rabentage

Welch Glück liegt in den Rabentagen!
Vorbei des Frühlings blaue Bänder,
vergangen auch des Sommers Glut.
Stille küsst des Herbstes Fluren.
Sonne streichelt sanft die Haut.
Ruhe füllt die weiten Felder.
Märzensaat ward reiche Frucht.

In des Rades Weiterdrehen
leichtes Jubellied der Lerche
längst gewichen Rabenrauschrei.

Nicht lieblich tönt der Krähe Krächzen
in des Herbstes Reifetagen,
doch tragen starke schwarze Schwingen
sie zur höchster Bäume Frucht.

Dankbar weiß sie hier zu ernten,
wo Lerchenlied nur Blüte sah,
die kurz erfreut, doch wenig nähret,
und im rauen Schrei der Raben
liegt ein sattes Lebensglück.

eine handvoll erde

eine handvoll erde
dankend geben
in ein grab

geerdet sein
umhüllt geborgen
für immer

zurückkehren
wachsen zu dem
was erde ist

heimkehren
aus dem staub
ins wahre leben

jubelnde seele
auf den wurzeln
die die erde gab

Was bleibt

Den ganzen Sommer
gesungen und musiziert,
von Blüte zu Blüte gehüpft,
anders gewesen als die Nachbarn,
die emsigfleißigen Ameisen.

Kein Korn in die Scheune gebracht,
als faul beschimpft, verlacht,
doch gesammelt mit großem Fleiß
die laue Luft, sanfte Sonnenstrahlen,
zarte Düfte und Farben über Farben.

Es wintert, kalt geht der Wind,
das Leben will sich neigen.

Einmal noch auf einer Rose sitzen,
die letzten Blätter dankbar sehen,
einen Hauch Blütenduft spüren,
die Spuren des Sommers hüten
in der Schatzkammer der Erinnerung

als Nahrung für einen langen Winter –
egal, was die Ameisen sagen.

Ursprung und Ziel

Ursprung habe ich und Ziel
im ewigen Kreislauf des Seins,
denn ich werde bleiben
in immerwährendem Wandel.

Etwas von mir wandert weiter,
immer und immer,
und ich weiß,
meine unsterbliche Seele
singt frei wie der Wind,
aufgehoben
in dem,
der mir Ursprung und Ziel
und Gegenwart ist.

Mehr brauche ich nicht.

Zwei Bäume

Möchte ein Baum sein neben dir,
Seit an Seite uns verwurzeln
im gleichen Seelennährgrund,
Halt geben der Erde, die uns hält.

In mannigfaltig verschlungenen Feinästelungen
möchte ich wachsen neben dir,
hoch zum Licht, das wir ersehnen,
dich schützen vor dem Wind des Westens,
raukalten Ostwind deckst du mir.

Ich möchte blühen neben dir
und mich an deinen Früchten freuen,
wie ich dich meine schauen lasse.

Eine hohe Krone treiben neben dir,
auf Augenhöhe mit der deinen,
froh sein, wo du Vögeln Nistschutz gibst,
mit meinen sing ich dir ein Lied,
in das du einstimmst bis zum Kern.

Viele Jahresringe altern neben dir,
den Stürmen trotzen, weis geworden,
mit weher Hoffnung sehn den Zahn der Zeit,
wo Moderholz den Stamm uns höhlt,

und wissen neben dir, es bleibt,
ob du auch fällst, ob falle ich,
dass wir zum Wurzelgrund uns wandeln,
als Humuserde neu uns wiedersehn.

und siehe ...

den tag staunend leben
die rose pflücken oder
sie blühend bestaunen
dem frohen falter folgen
tiefes glück im herzen

zart den wind spüren
das wehen des geistes
tief in sich aufnehmen
wissen um Gottes worte
und siehe
alles ist gut

Inhalt

**Bibliographische Information
der Deutschen Nationalbibliothek**

Die Deutsche Nationalbibliothek verzeichnet diese
Publikation in der Deutschen Nationalbibliographie.
Detaillierte bibliographische Daten sind im Internet
über http://dnb.d-nb.de abrufbar.

1. Auflage 2015
© Vier-Türme GmbH, Verlag, Münsterschwarzach 2015
Alle Rechte vorbehalten

Lektorat: Marlene Fritsch
Umschlagfoto: mythja/shutterstock.com
Gestaltung: wunderlichundweigand, Stefan Weigand
Druck und Bindung: Pustet, Regensburg
ISBN 978-3-89680-960-5

www.vier-tuerme-verlag.de